ANALIZA KSIĄŻKI

Sen nocy letniej

• • • • • • • • • • • • • • • • • • • •

WILLIAM SZEKSPIR

ANALIZA KSIĄŻKI

Napisany przez Claire Cornillon
Przetłumaczony przez Kâmil Kowalski

Sen nocy letniej

WILLIAM SZEKSPIR

WILLIAM SZEKSPIR   **5**

Angielski poeta i dramaturg   5

SEN NOCY LETNIEJ   **6**

Ciepła mieszanka miłości i magii   6

PODSUMOWANIE   **7**

Akt I   7

Akt II   8

Akt III   9

Akt IV   9

Akt V   10

STUDIUM POSTACI   **11**

Demetriusz, Helena, Lizander i Hermia   11

Egeusz, Tezeusz i Hipolita   11

Tytania i Oberon   12

Puk   12

Mechanicy   13

ANALIZA   **14**

Fabuła: skomplikowana, a jednocześnie lekka   14

Magia i zjawiska nadprzyrodzone   15

Sztuka w sztuce.   16

DALSZA REFLEKSJA   **19**

Kilka pytań do przemyślenia...   19

DALSZE CZYTANIE   **20**

Wydanie referencyjne   20

Adaptacje   20

WILLIAM SZEKSPIR

ANGIELSKI POETA I DRAMATURG

- **Urodził się w Stratford on Avon w 1564 r.**

- **Zmarł w 1616 r.**

- **Godne uwagi prace:**

  - *Sen nocy letniej* (1592-1595), komedia

  - *Ryszard Trzeci* (1592-1595), dramat historyczny

  - *Hamlet* (1595-1600), tragedia

William Szekspir był dramaturgiem i poetą urodzonym w 1564 roku. Jest jednym z wielkich nazwisk literatury angielskiej, najbardziej znanym ze swoich sztuk elżbietańskich, nazwanych tak na cześć królowej Elżbiety Pierwszej (1558-1603), która panowała w czasie ich powstawania. Wątpliwości, które pojawiały się co do jego historycznego istnienia, zostały w dużej mierze obalone, choć pewne okresy jego życia pozostają tajemnicą dla historyków. Jego 37 sztuk dzieli się ogólnie na cztery kategorie: dramaty historyczne, *takie jak Ryszard III,* komedie, takie jak *Sen nocy letniej*, tragedie, takie jak *Hamlet* i jego ostatnie sztuki, takie jak *Burza*. W latach 1600 zespół teatralny Szekspira był uważany za jeden z najlepszych w Londynie i miał swoją siedzibę w Globe Theatre. Szekspir zmarł w 1616 r.

SEN NOCY LETNIEJ

CIEPŁA MIESZANKA MIŁOŚCI I MAGII

- **Gatunek:** komedia

- **Wydanie źródłowe:** Szekspir, W. (1922) *A Midsummer Night's Dream*. Thurber, S. and Mille, A.B. eds. Massachusetts: Norwood Press, pp. 1-77.

- **Pierwsze wydanie:** 1592-1595

- **Tematy:** miłość, magia, dramat, zjawiska nadprzyrodzone

Sen nocy letniej to lekka komedia napisana w latach 1592-1595. Sztuka opowiada o romantycznych perypetiach dwóch par, których życie komplikują magiczne istoty kontrolowane przez Tytanię i Oberona oraz grupa aktorów amatorów (Mechanicy), którzy chcą wystawić sztukę na weselu księcia. W końcu miłość i magia występują w harmonii i wszystko kończy się dobrze. Pełna akcji fabuła Szekspira zaprasza widzów do udziału w lekkiej, ale jakże prawdziwej refleksji na temat iluzji i teatru. Sztuka ilustruje swobodę, jaką Szekspir stosuje w swoich dziełach, zanurzając bohaterów w świecie fantazji.

PODSUMOWANIE

AKT I

Książę ateński Tezeusz planuje za cztery dni poślubić Hipolitę. Egeusz przychodzi prosić księcia o pomoc w rozwiązaniu sprawy rodzinnej. Jego córka Hermia jest zaręczona z Demetriuszem, ale nie chce wyjść za mąż, ponieważ jest zakochana w Lizandrze.

> *"Tak będę rosnąć, tak żyć, tak umierać, mój panie,*
> *Nim mój dziewiczy patent*
> *Do jego panowania, którego jarzma nie chce*
> *Dusza moja zgadza się nie dać zwierzchnictwa" (Akt I Scena I, s. 4)*

Tezeusz rozstrzyga dyskusję na korzyść Egeusza, mówiąc Hermii:

> *"Weź czas na przerwę; i przy następnym nowiu księżyca –*
> *dniu pieczętowania między moją miłością a mną,*
> *dla wiecznej więzi wspólnoty – w*
> *tym dniu albo przygotuj się na śmierć za*
> *nieposłuszeństwo wobec woli ojca,*
> *albo poślub Demetriusza, jak on by chciał;*
> *albo na ołtarzu Diany zaprotestuj na zawsze*
> *surowość i samotne życie". (Akt I Scena I, s. 4)*

Lizander ujawnia, że Demetriusz kochał się w Helenie, ale jego argumenty pozostają bez echa. Dwaj młodzi kochankowie Lizander i Hermia planują potajemnie spotkać się w lesie i razem uciec. Helena jest w rzeczywistości zakochana w Demetriuszu, ale on ma serce dla swojej oblubienicy Hermii. Z przekory postanawia wyjawić Hermii i Lizandrowi ich plany ucieczki.

Tymczasem grupa aktorów amatorów spotyka się w pracowni Piotra Pigwy, by przygotować sztukę, którą zamierzają wystawić na weselu Tezeusza i Hipolity – "opłakaną komedię i najokrutniejszą śmierć Pirama i Tyzbe" (Akt I, Scena II, s. 11). Przydzielają sobie role i umawiają się na próby w lesie.

AKT II

Te lasy, niedaleko Aten, są w rzeczywistości zamieszkane przez wróżki i magiczne istoty. O zmroku na omszałej polanie król i królowa wróżek Oberon i Tytania kłócą się. Król Oberon chce mieć na służbie własnego odmieńca Tytanii; ta odmawia. Królowa oskarża Oberona o miłość do Hipolity, a on z kolei oskarża ją o miłość do Tezeusza.

Oberon postanawia zemścić się na Tytanii i wysyła swojego "sprytnego i przebiegłego duszka" (Akt II, Scena I, str. 15) Puka, aby poszedł i zerwał pewien kwiat, który może być użyty do sporządzenia silnego eliksiru miłosnego, który "na śpiących powiekach położył / Sprawi, że mężczyzna lub kobieta szaleńczo zapatrzą się / Na następną żywą istotę, którą zobaczą". (Akt II Scena I, str. 19)

Teraz niewidzialny, król Oberon obserwuje Demetriusza odrzucającego zaloty Heleny i gani ją. Nakazuje Pukowi rozsmarować sok na powiekach Demetriusza, by ten się w niej zakochał, podczas gdy on sam robi to samo z Tytanią. Puk jednak myli Demetriusza i Lizandra, a Lizander, prawdziwie zakochany w Hermii, szaleńczo zakochuje się w Helenie.

AKT III

Pigwa i jego zespół aktorów-amatorów odbywają próby pod dębami w lesie, dyskutując nad najlepszym sposobem teatralnego przedstawienia światła księżyca i ściany:

> *"Musi który z nas mur przedstawiać. Trzeba, żeby się poprószył gipsem, albo gliną, albo wapnem, na znak, że jest murem, a musi swoje palce tak trzymać; przez tę szparę Piram i Tyzbe będą do siebie szeptali." (Spodek, Akt III Scena I, s. 30)*

Puk obserwuje ich i zauważa Spodka, jednego z aktorów. Postanawia spłatać mu figla, aby wyśmiać jego imię i używa magii, aby dać mu głowę osła. Kiedy widzą nowo przemienionego Spodka, pozostali aktorzy uciekają w popłochu. Tytania zostaje obudzona z miłosnej drzemki przez śpiew Spodka i natychmiast się w nim zakochuje. Zabiera go ze sobą.

Oberon dostrzega błąd Puka i naprawia go, co oznacza, że Demetriusz również zakochuje się w Helenie. Lizander i Demetriusz walczą o miłość Heleny, a Hermia jest całkowicie zdezorientowana i okrutnie odrzucona przez swojego kochanka Lizandra. Wszyscy kłócą się ze sobą, kierowani złośliwą manipulacją Puka, a w końcu idą swoimi drogami i śpią w różnych częściach lasu.

AKT IV

Oberon osiągnął swój pierwotny cel i zabrał odmieńca. Tym samym uwalnia Tytanię od zaklęcia. Tezeusz, Egeusz i Hipolita znajdują dwie pary śpiące w lesie. Kiedy Spodek budzi się, jego zaklęcie również zostało zdjęte i dochodzi do wniosku, że musiał śnić. Wraca do Aten, by spotkać się z innymi aktorami.

AKT V

Po ślubie Tezeusza i Hipolity w ich pałacu w Atenach, Tezeusz prosi o obejrzenie przedstawienia "Piram i Tyzbe", mimo że Filostrat ostrzegł go, że obsada jest śmiesznie amatorska.

> *"Pragnę widzieć sztukę;*
> *Bo co powinność w hołdzie nam przynosi,*
> *W prostocie ducha, zawsze jest przyjemne.*
> *Zabierzcie miejsca; wprowadzić aktorów".*
> *(Akt V, Scena I, str. 65)*

Aktorzy wystawiają "Pirama i Tyzbe" dla publiczności złożonej z Tezeusza, Hipolity, Demetriusza, Lizandra, Hermii i Heleny. Sztuka, niby tragedia, wydaje im się niezwykle zabawna, a Hipolita woła: "Ja się boję tego księżyca: gdyby się zmienił!" (Akt V, Scena I, s. 71).

Po zakończeniu sztuki Puk, Oberon i Tytania pojawiają się ponownie na ostatnią pieśń i taniec, aby dać swoje błogosławieństwo trzem szczęśliwym parom, śpiewając: "Trzem tym parom szczęście damy / Nic ich życia nie zasmuci" (Akt V, Scena I).

STUDIUM POSTACI

DEMETRIUSZ, HELENA, LIZANDER I HERMIA

Te dwie młode pary są w centrum fabuły. Demetriusz jest zaręczony z Hermią, ale ona jest zakochana w Lizandrze. Tymczasem Helena jest rozpaczliwie zakochana w Demetriuszu, który ją surowo odrzuca. W pierwszej scenie widzowie dowiadują się, że obaj mężczyźni mają podobny majątek i pozycję społeczną. Różnią się jednak charakterami: Lizander jest wierny i godny zaufania, a Demetriusz bardziej zalotny.

Hermia jest zbuntowana i nie słucha życzeń ojca Egeusza, gotowa uciec ze swoim kochankiem Lizandrem. Piękna Helena ciągle ubolewa nad swoim losem w życiu i porównuje się do Hermii: "Resztę bym dała, żeby być tobie przełożoną". (Akt I, Scena I, s. 8)

EGEUSZ, TEZEUSZ I HIPOLITA

Egeusz jest wcieleniem klasycznej postaci, która pojawia się w całej historii teatru, od dramatów rzymskich aż po Moliera: ojca, który próbuje wydać córkę za mąż wbrew jej woli. W ten sposób reprezentuje on prawo i władzę, odmawiając wzięcia pod uwagę uczuć i życzeń córki, o czym świadczą jego słowa:

"Błagam o starożytny przywilej Aten.
Skoro jest moja, mogę nią rozporządzać:
Który będzie albo dla tego pana,
albo dla jej śmierci, zgodnie z naszym prawem

Szuka w tej sprawie pomocy Tezeusza, który również reprezentuje władzę i prawo publiczne; to on kończy spór. On i Hipolita, kobieta z charakterem, która w trakcie sztuki zostaje jego żoną, tworzą razem idealną parę i nadzorują całą akcję. Nowożeńcy nie boją się kłócić na oczach widzów podczas występu aktorów amatorów w ostatniej scenie.

TYTANIA I OBERON

Król i królowa wróżek stanowią razem fantastyczną, równoległą wersję wspomnianego Tezeusza i Hipolity. Ich związek jest jednak znacznie bardziej burzliwy. Choć Tytania jest równie potężna jak Hipolita, to Oberon ustala reguły gry, płatając królowej magiczne figle.

Ich ciągłe spory wpływają na sam porządek otaczającego ich świata; jako takie, nadprzyrodzone moce leżą u podstaw zakłóceń w świecie widzialnym, jak pokazano tutaj: "Pory się roku zmieniły w zamęcie / Na świeże łono róży mróz upada" (Tytania, Akt II Scena 1, s. 17). Ich pojednanie jest więc nieuniknione, dzięki czemu mogą pobłogosławić nowe związki i wziąć ich szczęście pod swoją magiczną opiekę.

PUK

Puk, czyli Robin Poczciwiec, to według niego samego "wesoły wędrowiec nocy" (Akt II, Scena 1, s. 15). Jest on katalizatorem całej akcji w *Śnie nocy letniej*. Lubi płatać ludziom figle i często popełnia błędy, m.in. myli Demetriusza i Lizandra. Puk jest swoim własnym panem, czego dowodem jest sztuczka, którą płata Spodkowi. Jego fantazja i kaprys są tym, co napędza całą akcję. Jednak równie szybko naprawia wyrządzone szkody, utrzymując sztukę w sferze komedii i zapobiegając zejściu do tragedii.

MECHANICY

Mechanicy – tak nazwani przez Puka – to grupa rzemieślników, którzy postanawiają wystawić sztukę na cześć małżeństwa księcia i są niekończącym się źródłem komizmu w *Śnie nocy letniej*. Przewodzi im stolarz Piotr Pigwa i jego rywal Mikołaj Spodek, który nieustannie go przebija, narzucając swoje pomysły i krzykliwą osobowość reszcie grupy i spektaklowi. Spodek uważa się za prawdziwego artystę, wielkiego aktora, który powinien zagrać każdą rolę – nawet tę Tyzbe. Ma swoje zdanie na każdy temat i z łatwością zmusza kolegów aktorów do podporządkowania się jego pomysłom, przy czym Pigwa stawia niewielki opór tym żądaniom.

Mają naiwną wizję teatru i dbają o to, by wszystko wyjaśnić, łagodząc obawy panien o słabym sercu; to nie jest w rzeczywistości lew, ale aktor w przebraniu! Kolejną postacią, która się prezentuje jest Mur:

> *"Wypadło, żem jest murem w izbie tej, panowie,*
> *Ja, kotlarz, co Ryjakiem naprawdę się zowie,*
> *A mur, proszę pamiętać, nie nowy, lecz stary,*
> *W którym czas porysował szczeliny i szpary.*
> *Przez jedną taką szparę kochankowie stali*
> *Nieraz sobie miłosne sekreta szeptali."*
> *(Akt V, Scena 1, str. 67-68)*

ANALIZA

FABUŁA: SKOMPLIKOWANA, A JEDNOCZEŚNIE LEKKA

Choć *Sen nocy letniej* to krótka sztuka, w której każdy z pięciu aktów ma tylko jedną lub dwie sceny, publiczność ma do czynienia z licznymi postaciami i skomplikowaną fabułą, która prowadzi do prawdziwie komicznych komplikacji. W sztuce tej Szekspir przekształca tradycyjny trójkąt miłosny w skomplikowany czworokąt romansu i intrygi.

Historia zaczyna się jednak jak klasyczna tragedia: ojciec zmuszający córkę do niechcianego małżeństwa, ona zaś zmuszona do ryzykowania życiem lub poddania się religijnej służbie. Dylemat między miłością a obowiązkiem pojawia się w tym momencie, ale szybko zostaje przyćmiony przez magiczne przygody, które następują po sobie; szybko staje się jasne, że wszystko w końcu skończy się dobrze. Już w pierwszej scenie Tezeusz daje do zrozumienia, że chce zostawić za sobą przemoc i tragedię i zanurzyć siebie i swoją przyszłą żonę w zabawie i radości.

> *"Mym dziewosłębem był miecz, Hipolito,*
> *Krzywdząc cię, twoją otrzymałem miłość,*
> *Lecz ślubom naszym będą towarzyszyć*
> *Pompa, zabawy, tańce i tryumfy." (Akt I, Scena 1, str. 2)*

Nie zadowalając się stworzeniem tylko dwóch szczęśliwych par w całej sztuce, Szekspir pozwala na pojednanie trzeciej – Tytanii i Oberona. Tezeusz i Hipolita królują nad całą intrygą sztuki, jako zrównoważona, niezakłócona para modelowa. Sztuka tętni więc życiem par, uwikłanych ze sobą w magiczną sieć nieporozumień i przemian.

Sztuka jest w pewnym sensie trójdzielna: przedstawia jednocześnie świat realny, świat magiczny i fikcyjny świat sztuki Pigwy. W ostatniej scenie wszystkie trzy światy zderzają się w szczęśliwym zakończeniu.

Komizm sytuacyjny, który rodzi się ze skomplikowanej fabuły, potęgowany jest jedynie przez potencjał komiczny niektórych indywidualnych postaci, takich jak Spodek, Puk i gra aktorów amatorów w scenie finałowej. Zespół Pigwy przypadkowo przekształca znaczenie tekstu i nie ma pojęcia, kiedy powiedzieć swoje kwestie podczas prób. Dzięki temu sztuka pozostaje w przeważającej mierze lekka, nie wykorzystując tragicznego potencjału opowiadanych historii, co często zdarza się w komedii. Na przykład Hermia zostaje brutalnie odrzucona przez swoją miłość, ale wystarczy zasnąć, by obudzić się ze szczęśliwym zakończeniem. Spodek również nosi głowę osła, ale zamiast cierpieć z powodu tego opłakanego stanu, znajduje się w przyjemnej sytuacji bycia hojnie obdarowanym przez królową wróżek, po czym budzi się i myśli, że to wszystko było snem.

MAGIA I ZJAWISKA NADPRZYRODZONE

Sztuka koncentruje się na interakcji i zderzeniu dwóch światów: rzeczywistego i królestwa wróżek. Podczas gdy pałac Tezeusza uosabia ten pierwszy, las jest manifestacją tego drugiego. Wszyscy główni bohaterowie udają się do lasu i w ten sposób przekraczają granice obu światów, wkraczając w uniwersum, w którym magia i fantastyczne przygody są na porządku dziennym; gdzie można spodziewać się przemiany w osła lub zauroczenia potężnym eliksirem miłosnym.

W *Śnie nocy letniej* zjawiska nadprzyrodzone odgrywają łagodną rolę, w przeciwieństwie do ich groźniejszej manifestacji w postaci czarownic w *Makbecie*. Tutaj zaklęcia szybko się zużywają, a błędy można łatwo naprawić, co pokazuje Puk:

> *"Na tej trawie*
> *Śpij głęboko!*
> *Ja naprawię*
> *Twoje oko*
> *Niezawodnych lekarstw siłą". (Akt III, Scena II, s. 51)*

Wróżki, zwłaszcza Oberon i Puk, są psotne, ale nie złośliwe, co może spowodować, że widzowie zadają sobie pytanie, czy wszystko, co właśnie oglądali, wydarzyło się naprawdę. Las oferuje bohaterom magiczne interludium, które pozwala wszystko naprawić i daje im pomocną dłoń w kierunku ich szczęśliwego zakończenia. Na koniec wszyscy budzą się, jakby śnili, nie wiedząc, czy to, czego doświadczyli, było prawdziwe czy wyimaginowane. Spodek jest pewien, że to drugie:

> *"Przedziwne miałem widzenie. Miałem sen, a żaden ludzki dowcip nie wypowie, co to za sen był" (Akt IV, Scena 1, str. 59)*

SZTUKA W SZTUCE.

Sen nocy letniej to także sztuka o samym teatrze. Podobnie jak w innych dramatach Szekspira, takich jak *Hamlet*, w tym dziele pojawia się sztuka w sztuce: *Najbardziej opłakana komedia i najbardziej okrutna śmierć Pirama i Tyzbe*. Miała to być tragedia o śmierci dwojga kochanków, ale Pigwie i jego amatorskiej kompanii udaje się przekształcić ją w komedię dzięki błędnej interpretacji tekstu i zabawnej inscenizacji. Mimo swojej śmieszności nie brakuje w niej wyobraźni. Tezeusz uważa, że wyobraźnia ta jest wspólna dla szaleńca, kochanka i poety:

> *To wariat; równie szalony kochanek*
> *Widzi w Murzynce Heleny urodę;*
> *Oko poety, w uniesienia szale,*
> *Z nieba na ziemię, z ziemi w niebo patrzy,*
> *Rzeczy nieznane wyobraźnią stwarza,*
> *A pióro jego powietrznej nicości*
> *Imię i miejsce pobytu wyznacza." (Akt V, Scena 1, str. 62)*

Tym, co łączy wszystkie postaci, niezależnie od tego, czy są kochankami, czy aktorami, jest wspólna im wyobraźnia. Cechę tę podkreśla również Helena: "Rzeczy podłe i nikczemne, składające się bez ilości, / Miłość może przetransponować na formę i godność / Miłość patrzy nie oczami, lecz umysłem" (Akt I, Scena 1, s. 10).

Debata między bohaterami, zwłaszcza Tezeuszem i Hipolitą, na temat iluzji odsłania prawdziwe pytanie w samym sercu sztuki:

> *"Najlepsze w tym rodzaju są tylko cienie; a najgorsze*
> *nie są gorsze, jeśli wyobraźnia je zmieni". (Tezeusz, Akt V, Scena I, str. 70)*

Odpowiedź Hipolity jest kluczowa:

> *"To musi być zatem twoja wyobraźnia, a nie ich". (Akt V Scena 1, s. 70).*

Teatralna iluzja nie tylko odgrywa rolę na scenie, ale jest czymś, co przepływa przez całą sztukę. Jej bohaterowie-dyrektorzy, Puk i Oberon, podporządkowują wszystkie inne postaci potężnej iluzji, którą tworzą. W pewnym momencie

Oberon przyjmuje rolę niewidzialnego świadka, gdy spotyka Helenę i Demetriusza – jest to rola, z którą każdy widz może się utożsamić. Następnie wchodzi w rolę reżysera, wpływając bezpośrednio na rozwój akcji: nakazuje Pukowi użycie magicznego eliksiru na Demetriuszu. Podobnie Puk w milczeniu obserwuje aktorów-amatorów i postanawia rzucić czar na Spodka. W ten sposób scena dzieli się na dwie części, gdzie bohaterowie pełnią rolę widzów, różniących się od publiczności jedynie możliwością wpływania na akcję. W sumie można to uznać za metaforę możliwości dramatu i teatru.

Nie dziwi więc fakt, że Puk kończy sztukę zwracając się bezpośrednio do publiczności. W ostatnich wersach wypowiada słowa, które wydają się pochodzić od samego aktora, a nie od postaci:

> *"Jeśli was nasze obraziły cienie,*
> *Pomyślcie tylko (łatwe przypuszczenie),*
> *Że was sen zmorzył, że wszystko, co było,*
> *Tylko uśpionym we śnie się marzyło." (Akt V, Scena II, s. 76-77)*

Czy to nie sam Szekspir napisał w swojej sztuce *Jak wam się podoba* następujące słynne słowa?

> *"Cały świat jest sceną, A wszyscy mężczyźni i kobiety tylko graczami; Mają swoje wyjścia i swoje wejścia, A jeden człowiek w swoim czasie gra wiele ról" (Akt II Scena VII).*

DALSZA REFLEKSJA

KILKA PYTAŃ DO PRZEMYŚLENIA...

* Egeusz wciela się w klasyczną rolę, która istnieje w teatrze od czasów starożytnych. Jaka to rola? Czy możesz pomyśleć o podobnych postaciach w innych sztukach?

* Czy w tej sztuce respektowana jest zasada jedności klasycznej i zasada przyzwoitości? Uzasadnij swoją odpowiedź.

* W jaki sposób Puk jest elementem zakłócającym fabułę?

* W jaki sposób początek sztuki przypomina tragedię?

* Dlaczego sztuka określana jest jako trójdzielna?

* Jakie rodzaje komizmu wykorzystuje Szekspir w sztuce?

* Porównaj rolę i wykorzystanie zjawisk nadprzyrodzonych w *Śnie nocy letniej i Makbecie*

* Opisz, w jaki sposób Szekspir wykorzystuje sztukę w sztuce jako środek literacki.

* W jaki sposób teatralna iluzja jest tematem przewijającym się przez całą sztukę?

DALSZE CZYTANIE

WYDANIE REFERENCYJNE

Szekspir, W. (1922) *A Midsummer Night's Dream*. S. Thurber i A.B. Mille, eds. w Massachusetts: Norwood Press, pp. 1-77.

ADAPTACJE

Sen nocy letniej (A Midsummer Night's Dream) (1999) [Film]. Michael Hoffman. Dir. USA: Fox Searchlight Pictures.

Chcemy usłyszeć od Ciebie, co się dzieje!
Zostaw komentarz na temat swojej internetowej biblioteki
i podziel się swoimi ulubionymi książkami w mediach społecznościowych!

MUST READ

Dlaczego warto wybrać Must Read?

Dowiedz się wszystkiego, co musisz wiedzieć o książce dzięki naszym zwięzłym i dogłębnym streszczeniom i analizom!

Odkryj to, co najlepsze w literaturze w zupełnie nowym świetle!

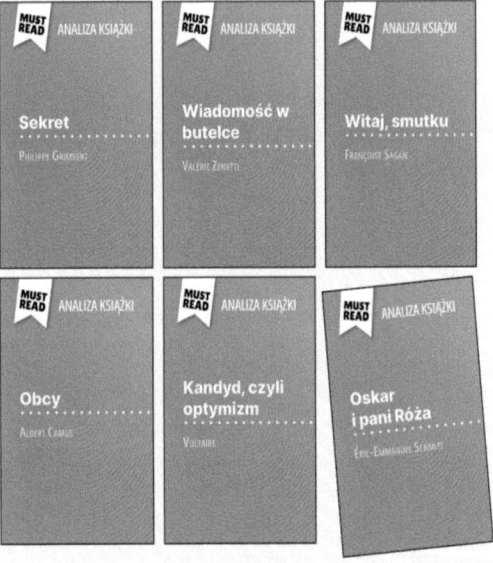

www.50minutes.com

Wydawca zapewnia o wiarygodności publikowanych informacji, co jednak nie może wiązać się z jego odpowiedzialnością.

www.50minutes.com

Master ISBN: 9782808694957
Papierowy ISBN: 9782808616355
Depozyt prawny: D/2023/12603/1915

Verhaal: © Primento

Projekt cyfrowy: Primento, cyfrowy partner wydawców.